AF230701

DE LA PROBABILITÉ

D'UNE

DISETTE PROCHAINE.

DE LA PROBABILITÉ

D'UNE

DISETTE PROCHAINE;

DES MOYENS

DE LA RENDRE MOINS DÉSASTREUSE,

ET D'EN PRÉVENIR LE RETOUR.

PAR B. A. LENOIR.

Da nobis panem nostrum quotidianum, et libera
nos à Ma....

A PARIS,

CHEZ ROUSSELON, LIBRAIRE,

RUE D'ANJOU-DAUPHINE, N° 9.

1828.

AVANT-PROPOS.

Dans l'espace de quarante-deux ans (de 1776 à 1817), j'ai vu en France cinq disettes, dont trois au moins ont été de véritables famines : la sixième se fera fort peu attendre. Toutes ont excité des mouvemens populaires, et beaucoup de malheureux en ont été les victimes. Toutes ont coûté plus d'argent au pays qu'il n'aurait fallu en dépenser pour les prévenir.

De tous les gouvernemens qui se sont succédé en France, un seul a reconnu la nécessité, et s'est occupé des moyens, sinon de prévenir entièrement le fléau des disettes, au moins d'en rendre les effets moins désastreux. Un grenier d'abondance, destiné à assurer la subsistance de la capitale, avait commencé à s'élever ; ce système d'approvisionnement aurait été appliqué plus tard à toutes les grandes villes, dont la concurrence sur les marchés est la cause principale du prix excessif que les grains atteignent lorsqu'il y a un déficit sensible dans les récoltes.

Ce gouvernement a péri : l'édifice qu'il avait commencé est resté où il en était : le système qu'il avait conçu a été abandonné ; il avait cependant donné un exemple bon à suivre, en achevant tous les travaux utiles commencés ou projetés avant lui.

La famine de 1817 aurait pu servir de leçon ; elle n'avait été séparée que par un intervalle de cinq ans de la disette de 1812. Des sacrifices énormes avaient suffi à peine à alimenter Paris, quelques autres grandes villes et les soi-disant 'alliés qui nous gardaient ; tandis qu'une partie de la population de nos départemens de l'Est était réduite, pour vivre, à partager la pâture des animaux.

Cette leçon a été perdue ; deux famines en cinq ans n'ont pas suffi pour faire concevoir que ce fléau pouvait se renouveler.

Depuis cette époque, il est vrai, une série inouïe de bonnes récoltes a entretenu, sans interruption, l'abondance.

Mais aussi chaque année la population a reçu des accroissemens progressifs.

Une administration douée de sens commun, chose du reste fort rare, aurait fait des recherches pour s'assurer si l'abondance était le résultat de progrès réels de l'agriculture, ou si elle devait être attribuée en grande partie à l'influence favorable des saisons.

Dans tous les cas, elle aurait pensé que les progrès de la population ne pouvant être arrêtés subitement comme ceux de la culture, ou comme l'influence favorable qui contribuait à l'abondance, il devait arriver un moment où le produit des récoltes ordinaires suffirait strictement aux besoins.

Or, quand on en est là, une récolte médiocre produit la disette ; une mauvaise récolte est suivie de la famine.

Au lieu de se livrer à des recherches qui auraient exigé quelque travail ; au lieu de déduire, de faits qu'elle ne peut ignorer sans trahir tous ses devoirs, une conséquence qu'il est impossible de repousser, l'administration qui dirige encore aujourd'hui les subsistances, a trouvé plus simple de voir, dans une abondance accidentelle, un abus de la culture, et elle a dit aux cultivateurs : *Vous produisez trop.* (1)

---

(1) L'administrateur qui a dit cela est M. Syrieys de Mayrinhac, directeur général des haras, directeur général de l'agriculture et des subsistances, ex-directeur général du commerce, des manufactures et des arts, conseiller d'État, député du département du Lot, nommé, comme chacun sait, par le collége de l'arrondissement de Figeac.

Dans la nombreuse série des fonctions de M. Syrieys de Mayrinhac, et qui font de sa direction l'une des plus *conséquentes* du royaume, les haras sont en première ligne ; l'agriculture, les subsistances, le commerce et le reste, ne viennent qu'ensuite. Les haras sont sans doute

De cet étrange propos, à la prévoyance d'une disette, et à la recherche des moyens d'y remédier, il y a loin.

Aussi n'a-t-on rien fait.

Cependant l'agriculture a continué à produire trop, tant que les saisons ont été favorables.

Mais, dès l'année dernière, quelques intempéries partielles qui ont frappé la récolte, ont

l'objet de la prédilection de M. le directeur général ; aussi ne produisent-ils pas trop, comme le prouvent nos remontes de cavalerie faites à l'étranger.

Je ne crois pas que ce soit à l'administration de M. Syrieys de Mayrinhac qu'il faille attribuer l'envoi fait à une école célèbre, de deux étalons, dont l'un était hongre et l'autre atteint de vices redhibitoires. Je n'ai pas entendu dire que cette petite méprise, qui a eu lieu autrefois, se soit renouvelée.

Un conseil d'agriculture a été institué pour seconder M. le directeur général. On vient de nous apprendre qu'on ne l'assemblait jamais. A quoi bon, dans le fait, puisque l'agriculture produisait trop ; on pouvait craindre que les membres de ce conseil, tous versés dans la théorie et dans la pratique de l'agriculture, ne lui fissent produire encore davantage ; c'eût été sans doute un grand malheur.

Les quatre députés des colonies sont adjoints à ce conseil avec voix délibérative. Si cette adjonction est due à M. Syrieys de Mayrinhac, elle lui fait beaucoup d'honneur. La culture du froment et de la vigne dans la métropole, celle du cafier et de la canne dans les colonies, ne peuvent qu'y gagner beaucoup.

suffi pour en abaisser les produits au niveau strict des besoins; c'est ce que prouve le haut prix du grain, qui s'est soutenu jusqu'à présent et qui tend encore à s'accroître.

Cette année, des intempéries plus générales ont encore frappé la récolte : le moindre résultat qu'on puisse en attendre, c'est une grande cherté ou même une disette, qui sera inévitable si les contrées qui ont le plus souffert sont celles qui pourvoient habituellement aux besoins des grandes populations urbaines.

A la récolte de l'année prochaine, il ne restera rien ou à peu près dans les greniers; et si cette récolte est encore mauvaise, il faudra s'attendre à une famine.

Le mal est grand et le remède n'est pas facile à trouver.

La fermeture de la mer Noire nous empêche de recourir au marché de l'Europe le mieux approvisionné en grains : quand cette mer redeviendra-t-elle accessible à notre navigation? sera-ce lorsque les Russes seront maîtres de Constantinople? ne peut-on pas prévoir que cet événement ferait naître d'autres obstacles?

Nos hostilités contre Alger ont au moins un résultat certain; c'est de nous priver des ressources que nous pouvions tirer de cette partie des côtes de Barbarie.

Il nous reste donc, pour nous approvisionner, l'Amérique du Nord et les ports de la Baltique : là nous nous trouverons en concurrence avec toute l'Europe ; concurrence fort onéreuse, parce que ne faisant pas ordinairement le commerce des grains, notre présence insolite sur les marchés annonce des besoins étendus, et détermine toujours une forte hausse dans les prix.

Les moyens que je propose dans cet écrit, pour prévenir les disettes, ne sont applicables qu'à l'avenir.

Pour le mal présent, il n'y a et il ne peut y avoir que des palliatifs.

Le premier, c'est de faire, le plus tôt possible, des achats à l'étranger : ces achats coûteront sans doute fort cher ; mais un peuple qui donne volontiers un milliard tous les ans, et quelquefois un second par-dessus le marché, mérite bien qu'on emploie un peu de son argent pour assurer sa subsistance et par suite sa tranquillité.

Ventre affamé n'a pas d'oreilles (1) est un

---

(1) Toutes les séditions dont la disette est la cause, ne peuvent s'apaiser que par l'emploi le plus violent de la force ; extrémité déplorable qui accuse ceux que leur imprévoyance y a réduits.

Le premier devoir d'un gouvernement est de maintenir

vieux proverbe que les gouvernemens ne doivent jamais oublier.

Le second paraîtra peut-être un peu acerbe ; la faute en est à ceux qui ont rendu son emploi nécessaire : du reste, et c'est l'essentiel, son effet est certain ; il consiste à faire, dans l'intérieur, des achats étendus dont le produit sera soustrait à la consommation des sept à huit premiers mois qui suivent la récolte, pour le répartir sur les quatre à cinq mois qui précèdent la récolte suivante.

En procédant ainsi, on élève de suite le prix du grain à un taux assez haut, ce qui en restreint la consommation dans le moment où il est le plus facile de le remplacer par d'autres substances alimentaires, et on parvient à en abaisser le prix, à l'époque où toutes les autres ressources viennent à manquer. (1)

---

la tranquillité publique : rien ne la trouble plus qu'une disette.

(1) J'aime assez les proverbes populaires ; la plupart sont l'expression quelquefois triviale, mais toujours juste d'un résultat d'expérience. En voici un très usité dans nos campagnes, et qui s'applique à merveille au sujet que je traite : *cherté foisonne.* C'est qu'en effet lorsque le grain est cher, on fait ressource de tout : tout se pèse ; tout se mesure ; rien ne se perd : ce que les petits cultivateurs portent au marché dans les temps de disette est vraiment

C'est absolument l'inverse de ce que l'on fait ; ce qui est déjà une forte présomption en faveur du procédé.

Le troisième, qui vaut bien les deux autres, c'est de ne plus faire *diriger* les subsistances par l'homme qui a dit *l'agriculture produit trop*. Ce mot nous a porté malheur : il est bien juste que son auteur s'en ressente ; qu'il aille au milieu de ses commettans déployer ses talens agricoles ; cela pourra le réconcilier avec l'abondance.

étonnant quand on le compare à l'étendue de leurs exploitations : les grandes fermes fournissent proportionnellement beaucoup moins, ce qui s'explique par l'habitude, heureusement presque générale, de payer en grains les frais de moisson et de battage. Le produit de ces fermes supporte donc un prélèvement qui est à peu près le même dans la disette et dans l'abondance. Les fermiers font cependant des économies en grains dans la disette, mais c'est surtout sur la nourriture des animaux ; leur nombreux domestique ne se prête pas au remplacement d'une partie du pain par d'autres substances alimentaires ; remplacement que la famille du petit cultivateur adopte volontiers, parce qu'elle y trouve une compensation dans le prix du grain qu'elle économise.

Pour que l'économie sur le grain soit tout ce qu'elle peut être, il faut qu'elle commence au plus tard immédiatement après les mauvaises récoltes, son effet serait encore plus sensible si elle pouvait commencer auparavant,

DE LA PROBABILITÉ
D'UNE
DISETTE PROCHAINE;
DES MOYENS
DE LA RENDRE MOINS DÉSASTREUSE
ET
D'EN PRÉVENIR LE RETOUR.

Aucune intempérie générale n'a frappé la dernière récolte : elle avait été précédée d'une série de bonnes années, pendant lesquelles l'exportation a été à peu près nulle ; cependant cette agriculture, qu'on accuse de produire trop, n'a pas produit assez pour les besoins de l'année courante. Si habituellement elle avait produit un peu moins, au lieu d'une cherté nous éprouverions une disette. Que sont donc devenus les excédans des récoltes antérieures ? c'est ce que j'examinerai plus tard.

Si le prix du blé, après ce qu'on appelle une récolte ordinaire, est de 16 fr., un dixième de plus dans le produit de la récolte suivante, le fait à peine tomber à 14 fr. 50 c. ; un dixième de moins l'élève à 24 fr. et quelquefois à 28 fr.

Cette différence entre la baisse et la hausse, résultant de causes contraires, mais dont l'intensité est la même, s'explique d'une manière fort simple : c'est que le besoin de vendre est moins pressant que celui de manger.

J'ai dit qu'un dixième de moins dans le produit de la récolte suffisait pour faire augmenter le prix du grain de moitié; il ne s'arrête à ce taux que par l'effet d'une cause qui remédie, jusqu'à un certain point, à l'imprévoyance des gouvernemens; c'est qu'alors il y a beaucoup de gens qui cessent de manger du pain à leur appétit : sans cela, il n'y aurait pas de raison pour que, toutes les fois que le produit de la récolte, réuni à ce qui reste des années précédentes, serait le moins du monde au-dessous des besoins, le prix eût d'autre limite que la faculté de le payer.

Ainsi il y a des cas où, quoique l'agriculture ne produise pas assez, elle produit encore trop au gré de certaines personnes, et cela par la malice de ceux qui s'avisent de modérer leur appétit.

J'ai vu d'honnêtes détenteurs de grains qui trouvaient qu'un hectolitre n'était pas assez payé avec 75 fr., le garder pour s'en défaire dans un temps *plus heureux*, et, lorsqu'une récolte abondante et précoce trompait leur attente, ils disaient aussi : l'agriculture produit trop. Il aurait été plus exact de dire : on ne mange pas assez.

Pour que le prix du grain ne s'élève pas très souvent au-delà du taux qui force une partie de la population à n'en plus manger à sa faim, il faut que l'agriculture produise habituellement *trop;* car si elle ne produisait moyennement que le strict nécessaire, il y aurait toujours cherté, souvent disette, et quelquefois famine.

Il faut, non seulement que l'agriculture produise *trop,* mais ce *trop* doit être progressif. Chaque année, 220,000 bouches viennent augmenter la consommation. Pour les alimenter, il faut un surcroît de 115,500,000 livres de pain, qui représentent 770,000 hectolitres de grain; c'est le produit de 51,300 hectares de terre. (1)

____

(1) Il y a en France environ 25 millions d'hectares * de terres labourables , dont 11,250,000 au plus sont

* Dans un état intitulé *Aperçus statistiques,* qui se trouve à la fin du rapport sur le cadastre, présenté aux Chambres en 1817, l'étendue des terres labourables n'est portée qu'à 22,818,000 hectares ; mais ces aperçus sont tous le résultat d'un calcul erroné.

Sur les données du cadastre, M. le directeur de cette vaste opération voulait évaluer l'étendue de chaque nature de propriété dans toute la France; rien n'était plus facile.

Le territoire cadastré comprenait 7,901,735 hectares ; la surface totale de la France est de 51,910,000 hectares.

En introduisant successivement entre ces deux termes la surface

Il est donc indispensable, pour que le produit des récoltes moyennes dépasse toujours la

---

semés chaque année en froment, méteil, seigle, maïs, orge, sarrasin, légumes secs et avoine. Le surplus est occupé par les pommes de terre, les prairies artificielles, les plantes oléagineuses, le lin, le chanvre, etc., ou reste en jachères. Cette dernière portion est d'autant plus grande, que dans ce pays, dont l'agriculture produit trop, il y a beaucoup de terres dont l'assolement comporte plus d'années de jachères que d'années de culture.

Le produit moyen de l'hectare, toutes les espèces de grains confondues, ne peut être évalué à plus de 16 hec-

cadastrée de chaque nature de propriété, il en résultait une proportion, dont le quatrième terme aurait exprimé la surface totale de cette nature de propriété.

Ainsi, pour les terres labourables, dont la surface cadastrée était de 3,802,940 hectares, il y avait à calculer la proportion suivante :

$$7,901,735 : 3,802,940 : : 51,910,000 : x = 24,983,000.$$

Au lieu d'opérer ainsi, M. le directeur du cadastre a substitué au premier terme, le nombre des communes cadastrées, et au troisième, le nombre de toutes les communes qui existent en France.

Après avoir calculé de cette manière la surface de toutes les natures de propriétés, M. le directeur du cadastre s'étonne de ne retrouver au total que 47,412,000 hectares, au lieu de 51,910,000.

Un déficit de 4,500,000 hectares ne suffit pas pour lui faire voir que son calcul est mal établi.

Au reste, qu'un directeur du cadastre se trompe dans le choix des données d'un calcul, cela n'est pas plus étonnant que de voir un directeur des subsistances s'affliger de la prospérité de l'agriculture.

somme des besoins, que la culture s'étende
chaque année sur 51,000 hectares de plus, ou

tolitres, ce qui porte le produit total à 180,000,000 h.

La consommation moyenne par tête
ne peut être évaluée à moins de 3 $\frac{1}{2}$ hectolitres *, ce qui porte la consomma-
tion de 31,800,000 habi-
tans à.................... 111,300,000

Les semences exigent, à
raison de 2 $\frac{1}{2}$ hectolitres
par hectare............ 28,750,000

Consommation des ani-
maux................... 34,000,000

Brasseries et distille-
ries.................... 2,000,000

176,050,000

Excédant. 3,950,000

Le produit de ce qu'on appelle une bonne récolte
peut être de 190 millions d'hectolitres. Un produit de
200 millions est une récolte abondante, mais alors il ne
reste pas, toutes consommations prélevées, un excédant

* J'évalue la consommation des populations urbaines à 2 $\frac{2}{3}$ hectolitres, et celle des populations rurales à 3 $\frac{7}{10}$ hectolitres par tête.
Ces quantités sont des *minimum*. Les 3 $\frac{7}{10}$ hectolitres, attribués par
tête à la population rurale, seraient bien loin de suffire, si la consommation des pommes de terre n'avait pas éprouvé un immense
accroissement depuis la disette de 1812 et la famine de 1817.

La population urbaine est d'environ six millions, et la population rurale de vingt-cinq millions huit cent mille. La première
doit consommer 16,000,000 d'hectolitres, et la seconde 95,300,000
au moins.

ce qui vaut mieux, et ce qui d'ailleurs est plus praticable (1), qu'elle se perfectionne assez pour produire, sur la surface actuellement en labour, un surcroît d'un million d'hectolitres ; car la

---

de 14 ou de 24 millions d'hectolitres comme on pourrait le supposer d'après les données ci-dessus. On nourrit mieux les animaux, on élève plus de porcs et de volailles. Tout le monde mange du pain à satiété, et le mange meilleur ; ce qui, n'en déplaise à M. le directeur des subsistances, n'est pas un si grand mal.

La consommation augmentant avec la baisse du prix, celui-ci ne descend pas au taux où il arriverait si la consommation était stationnaire

Il ne reste toujours qu'un léger excédant ; ce qui le prouve, c'est qu'après une série de bonnes années, une seule récolte médiocre produit toujours un surhaussement de prix.

(1) Les grains qui servent à la nourriture de l'homme, et dont quelques uns sont employés en partie à la nourriture des animaux, occupent chaque année environ les deux cinquièmes des terres labourables. D'après cette proportion, pour pouvoir semer 51,000 hectares de plus tous les ans, il faudrait défricher aussi tous les ans 127,500 hectares de terre. Il est impossible que les défrichemens aient une telle étendue. C'est donc par des améliorations dans la culture qu'il est seulement possible de pourvoir aux besoins croissans de la population. Fort heureusement, sous ce rapport, nous avons de la marge. Cette agriculture, qu'on blâme de produire trop, est honteusement arriérée dans un grand nombre de départemens.

consommation des animaux croît aussi avec celle des hommes.

De 1817 à 1827, inclusivement, la population de la France s'est accrue de 2,230,000 individus, dont la consommation s'élève à   7,805,000 hect.

La consommation des animaux, qu'on peut évaluer à trois dixièmes de celle des hommes, ayant dû croître dans la même proportion, a exigé un surcroît de............   2,341,500
____
10,146,500

A ce total il faut encore ajouter les semences, dont le rapport au produit brut étant de 1 à 6 aux quantités consommées, ci...............   2,029,300
____
Total...........   12,175,800

Ainsi, en onze ans, les produits de l'agriculture ont dû s'accroître de 12,175,000 hectolitres pour rester au niveau des besoins.

Et c'est en présence de tels besoins, toujours croissans, qu'un directeur des subsistances n'a pas craint de dire, dans une occasion solennelle : L'AGRICULTURE PRODUIT TROP! C'était sans doute un conseil de lui faire produire moins : fort heureusement on n'en a tenu aucun compte;

l'agriculture a continué à produire trop ; mais on peut craindre que ses progrès ne soient plus au niveau de ceux de la population : ce qui se passe aujourd'hui suffit pour autoriser cette crainte.

Si les récoltes précédentes, qui ont été généralement bonnes, avaient eu un excédant considérable, un léger déficit dans le produit de la dernière récolte n'aurait pas élevé le prix au taux où il se soutient.

Ce prix permet de supposer que les excédans accumulés des recettes précédentes sont peu *conséquens* ; de sorte que, si la récolte de cette année était encore médiocre, il faudrait s'attendre à une grande cherté et même à une disette.

Il est un peu tard pour prendre les mesures qui sont les seules propres à prévenir le fléau d'une cherté ou d'une disette. Ce n'est pas quand le grain, après des années d'abondance et de bas prix, est devenu rare et cher, qu'on peut en faire des approvisionnemens pour subvenir aux besoins futurs ; il faut donc attendre avec patience et résignation le résultat de la prochaine récolte. Si elle est médiocre, les pommes de terre pourront suppléer à l'imprévoyance de l'administration ; si elle est mauvaise, le gouvernement dépensera beaucoup d'argent pour se procurer des grains, ce qui n'empêchera pas une partie de la population de jeûner; mais, si elle est bonne, nous dira-t-on encore que l'agriculture produit trop? Ce *trop* est bien peu de chose, puisqu'une seule récolte médiocre a suffi pour le faire disparaître.

Il est plus facile de créer la disette par l'exportation, que d'y remédier, lorsqu'elle existe, par l'importation. La raison de cela, c'est que, pour exporter, il ne s'agit que de s'abandonner au fil de l'eau, tandis que, pour importer, il faut remonter le courant.

Que l'on calcule le temps nécessaire pour qu'un chargement de blé, partant en hiver de Moulins ou de Roanne, se rende à Nantes, et le temps indispensable pour qu'un chargement pareil, partant de Nantes en mai, remonte l'Allier et la Haute-Loire, lorsque des toues du plus faible tirant d'eau restent engravées, pendant deux mois entiers, dans le lit de ces rivières, et l'on se convaincra que la population qui habite sur leurs rives aurait tout le temps de mourir de faim, avant que l'importation lui eût rendu ce que l'exportation lui aurait enlevé. (1)

---

(1) L'état où se trouve encore la navigation de la Loire et de ses nombreux affluens accuse l'incurie et l'imprévoyance de tous les gouvernemens qui se sont succédé en

La Seine est plus navigable que la Loire. En temps de disette, le gouvernement ne néglige rien pour alimenter l'immense population de Paris; cependant nous avons toujours vu, et notamment en 1817, les grains achetés à grands frais à l'étranger arriver avec la récolte. Le gouvernement avait dépensé des sommes énormes, et tout le fruit qu'en retirait la population, c'était de manger encore du pain détestable six mois après que l'abondance était revenue.

Lorsqu'en temps de disette on a recours à l'importation, on fait toujours bien; mais ce bien est très minime, et l'on dépense toujours plus du double de ce qui aurait été nécessaire

---

France depuis Henri IV, qui en avait reconnu toute l'utilité. Si ce vaste bassin, qui couvre vingt-huit départemens, pouvait être parcouru dans tous les sens, par une navigation active, nos provinces centrales ne tarderaient pas à sortir de l'état de torpeur où elles sont plongées; l'aisance s'y répandrait, et toutes nos industries y trouveraient des consommateurs, qu'elles sont obligées d'aller chercher au loin.

Dans l'état actuel de nos communications par terre et par eau, le transport des grains n'est facile que dans nos provinces du nord, les seules qui aient un superflu habituel. Lorsque nos départemens du centre et du midi ont de mauvaises récoltes, ce n'est qu'avec une extrême lenteur et des dépenses excessives qu'on peut leur transmettre les secours dont ils ont besoin.

pour prévenir la disette. En outre, ce qu'on dépense pour remédier au mal est en grande partie perdu, tandis que ce qu'on aurait dépensé une seule fois pour le prévenir, pourrait se retrouver toujours.

Ce qui embarrasse le plus dans les disettes, ce sont les populations urbaines. Ce sont elles en effet qui, en se mettant les unes les autres en concurrence sur les marchés, font élever les prix, et par suite resserrer les grains, dans l'espoir d'en obtenir encore des prix plus élevés.

Lorsque les prix ont dépassé sensiblement le taux moyen, une prévoyance toujours trop tardive fait faire, pour Paris, des achats considérables dans le rayon qui pourvoit habituellement à la subsistance de son immense population. Ces achats déterminent de suite un surhaussement de prix; cela est inévitable. On apporte toujours, sur chaque marché, à peu près la même quantité de grains; un peu moins cependant quand le blé est rare. Si alors chacun continuait à n'acheter, comme c'est l'usage en temps ordinaire, que ce qui est indispensable pour sa consommation d'un mois ou deux, le prix se réglerait à peu près sur le rapport des besoins avec ce qui existe pour y satisfaire; mais quand, sur un marché approvisionné de 600 setiers de blé, qui auraient été enlevés par les consommateurs ordinaires, il se présente un nouvel acheteur, simple ou multiple, qui en arrête 200, les consommateurs qui n'ont pas pu se pourvoir sèment l'alarme, et la foule se porte au marché prochain, non plus pour pourvoir aux besoins du moment, mais avec l'intention d'assurer, s'il est possible, ceux de l'avenir, par des achats anticipés.

C'est bien pis lorsque les acheteurs de Paris se trouvent, sur les mêmes marchés, en concurrence avec ceux de Rouen, de Caen, du Havre, de Lyon, de Marseille, de Metz, de Strasbourg, de Besançon, de Troyes, de Nancy, de Dijon et d'une foule d'autres villes; car c'est toujours dans le rayon qui fournit à l'approvisionnement de Paris, que la plupart des contrées qui ont de mauvaises récoltes viennent chercher des secours.

Les prix s'élèvent alors avec une rapidité effrayante; les grains se resserrent; ceux qui peuvent les payer en achètent à tout prix, et souvent au-delà de leurs besoins. Le prix dépasserait bientôt toute mesure si, comme je l'ai déjà dit, une foule de gens n'étaient pas forcés, par l'impossibilité de le payer, de réduire leur consommation habituelle de pain, et même de la supprimer tout-à-fait.

Le gouvernement ne connaît l'état de la récolte que vers le mois de novembre, et, en supposant la transmission et l'exécution la plus rapide de ses ordres, les grains achetés dans le nord de l'Europe ne peuvent arriver dans nos ports avant le printemps; la récolte est commencée ou est faite avant qu'ils soient rendus à leur destination, en remontant nos rivières.

Quelle est l'étendue des secours qu'on peut se procurer ainsi? on croit avoir fait merveille quand on a importé à grands frais 15 à 1600,000 quintaux de grains, qui arrivent rarement sans avarie. C'est à peu près la moitié de la consommation de Paris; ce n'est pas un centième de celle de la France.

Il serait bien préférable, sous tous les rapports, de ne pas se laisser prendre au dépourvu, et d'avoir toujours sous la main les secours qu'une mauvaise récolte peut rendre indispensables.

Je le répète, c'est aux besoins des populations urbaines qu'il faut pourvoir, parce que ce sont toujours les achats faits en masse pour ces populations, dans les temps de disette, qui font élever le prix des grains au-delà de toute mesure. Si leurs agens ne paraissaient pas sur les marchés, l'élévation du prix ne dépasserait pas de beaucoup le rapport du produit de la récolte à la somme des besoins.

Pour que cette concurrence des villes n'ait pas lieu, il n'y a qu'un seul moyen, c'est d'assurer leur consommation, en temps de disette, par des approvisionnemens faits dans les années d'abondance.

La population de toutes les villes de France est d'environ 6 millions, dont un peu plus du tiers (2,200,000) est aggloméré dans des villes de 20, 25, 30, 40, 50, 70, 90, 110, 150 et 800,000 habitans. Ce sont surtout ces villes dont les achats influent le plus sur l'élévation immodérée du prix des grains, dès qu'il y a déficit dans la récolte.

Qu'on assure pour six mois la subsistance de ces villes, et, dans une année de disette, n'ayant plus à demander aux contrées dans lesquelles elles se pourvoient habituellement, que la moitié de leur consommation ordinaire, au lieu de créer la cherté par des achats de prévoyance faits en masse, elles contribueront à entretenir la modération du prix; alors une partie de la population des campagnes, et surtout celle des pays de vignobles, ne sera pas réduite à diminuer, et même à supprimer sa ration de pain, pour que les habitans des villes en aient toujours ration complète.

J'évalue la consommation des villes à 2 hectolitres $\frac{2}{3}$ par tête pour l'année. La consommation de deux millions deux cent mille individus pendant six mois est donc de 2,933,000 hecto-litres ou 4,400,000 quintaux.

Dans cette quantité, la consommation de Paris, pendant six mois, est comprise pour 1,500,000 quintaux, ce qui fait, en volume, 100,000 mètres cubes ou 13,506 toises cubes.

J'exprime à dessein cette masse en volume, pour présenter dans toute sa force la première objection qu'on ne manquera pas de me faire.

Comment, dira-t-on, emmagasiner 100,000 mètres cubes de grain? on ne l'entasse pas sur plus d'un mètre de hauteur : il faudra donc cent mille mètres carrés de surface; ce n'est rien moins que 10 hectares ou 29 arpens $\frac{1}{4}$, mesure de Paris. Comment remuer une telle masse une fois par semaine, comme cela est indispensable pour la bonne conservation du blé?

Cette objection sera faite, je n'en doute pas, par tous les gens du métier. Or, l'opinion des gens du métier est toujours décisive pour la grande masse des hommes, qui supposent ordi-nairement que ce qui se fait par les gens qui ont intérêt à le faire, est ce qu'on peut faire de mieux. On veut conserver du grain; on s'en-quiert comment font ceux qui en conservent, et on fait comme eux.

La sagacité de l'empereur Napoléon lui avait

fait sentir que la consommation d'une ville comme Paris, où quelques cent mille individus vivent à peu près au jour le jour, devait être rendue indépendante des variations dans les récoltes. Il ordonna la construction d'un grenier d'abondance. Son idée était excellente; mais l'exécution n'aurait pas rempli le but qu'il se proposait. Le grenier d'abondance, destiné à conserver des grains suivant les routines des gens du métier, aurait contenu à peine, malgré sa vaste étendue et ses cinq étages, de quoi subvenir à la consommation de Paris pendant deux mois.

Ce n'en est pas moins une grande faute de n'avoir pas achevé cet édifice. Le moment où l'on s'en repentira est peut-être moins éloigné qu'on ne le pense.

Comment donc emmagasiner 1 million d'hectolitres de grains?

Dans des *silo*; non pas dans des silo creusés en terre, notre sol et notre climat s'y opposent; mais dans des silo construits au-dessus du sol et superposés à des voûtes. (1)

----

(1) Je suis loin de blâmer l'usage des silo creusés en terre; il serait à désirer que cet usage fût plus répandu, mais il sera toujours très difficile de conserver, par ce moyen, de grandes masses de grains. Les meilleurs silo sont ceux qui sont creusés dans une argile compacte; or,

Les principales causes qui tendent à altérer les grains conservés dans les greniers, sont les variations continuelles qui ont lieu dans la température et dans l'état hygrométrique de l'air, auquel les grains enlèvent plus rapidement l'eau dont il est saturé, qu'ils ne lui restituent celle qu'ils contiennent en excès. De là surtout la nécessité de remuer fréquemment, et autant qu'il est possible par un temps sec, tous les tas de grain; sans cela il ne tarderait pas à s'échauffer et à fermenter.

Une autre cause d'altération non moins funeste, et qui rend à peu près impossible toute conservation du blé en grand, et pendant un intervalle un peu long, par les moyens ordinaires, c'est la multiplication rapide du charançon.

---

on ne trouve pas partout des couches d'une telle argile assez épaisses pour qu'on puisse y creuser des silo d'une grande capacité. Les couches calcaires qui supportent une grande partie des sols de la France, sont généralement assez épaisses, mais il est bien rare qu'elles n'admettent pas de filtrations. Enfin, la plus forte objection qu'on puisse faire contre les silo creusés sous le sol, c'est que, appliqués à la conservation d'une grande masse de grains, ils coûteraient plus qu'une construction en maçonnerie destinée au même objet. Les silo creusés en terre seront utiles dans l'économie rurale pour conserver sans perte et sans frais les excédans des récoltes abondantes.

Tous ces inconvéniens disparaissent dans une capacité dont les parois sont imperméables à l'air, et qu'on peut fermer hermétiquement après l'avoir remplie. L'oxigène contenu dans le peu d'air qui est interposé entre les grains, est bientôt absorbé ou converti en acide carbonique. Dès-lors, pourvu que le grain ait été enfermé dans un état de sécheresse convenable, sans qu'il soit nécessaire pour cela de le passer à l'étuve, aucune fermentation ne peut plus avoir lieu, et tous les insectes doivent périr. C'est aussi ce qui arrive. (1)

C'est déjà beaucoup de n'avoir plus à remuer presque continuellement 100,000 mètres cubes de grain, et de n'avoir plus à redouter des altérations difficiles à prévenir, et auxquelles il n'y a pas de remède.

---

(1) Les silo en maçonnerie ne pourraient être employés à la conservation des grains qui devraient y rester pendant plusieurs années, que lorsque les mortiers auraient perdu l'eau qu'ils contiennent toujours en excès, par suite des mauvais procédés qu'on suit pour les faire. Cette dessiccation confiée au temps serait très lente dans des capacités qui n'auraient qu'une seule ouverture, mais il serait facile de la rendre très rapide, au moyen d'un vaste système de ventilation qui serait établi dans leur intérieur, et qu'on ne supprimerait qu'après avoir obtenu une dessiccation complète.

Il reste à examiner si la dépense des silo que je propose serait disproportionnée aux avantages qu'on en retirerait.

S'il s'agissait d'une chose frivole, cet examen ne serait pas très nécessaire, on se mettrait de suite à l'ouvrage, et l'argent ne manquerait pas; mais, dans cet honnête pays, quand une idée n'est qu'utile, c'est une condition de rigueur de prouver d'abord qu'on peut l'exécuter avec peu d'argent.

C'est l'empereur, car on ne peut s'empêcher de le citer quand on parle de monumens utiles, qui a dit *ce qui est grand est toujours beau.*

Je suis assez de cette opinion, pourvu qu'on ajoute l'utilité à la grandeur.

Le monument à élever pour assurer l'approvisionnement de Paris, serait vaste et éminemment utile: il pourrait donc se passer d'ornemens.

Il consisterait en 124 silo voûtés en plein cintre, chacun de 25 mètres de long sur 5 de large et 7 de hauteur. Chaque silo aurait une capacité de 875 mètres cubes, et pourrait contenir 8750 hectolitres de grain.

Les silo seraient accolés les uns aux autres sur deux rangs, et le plan du tout formerait un quadrilatère de 374 mètres de long et 54 mètres de large. La hauteur totale, au-dessus du sol, serait de 12,5 mètres, dont 3,75 appartiendraient à l'étage de voûtes qui régnerait sous les silo.

Une construction plus légère, de 15 à 18 pieds de haut, couverte d'un plancher en fer et poterie, revêtu de feuilles de plomb ou de cuivre, terminerait l'édifice.

Cette construction serait divisée en trois parties, dont deux serviraient de magasin pour les farines; celle du milieu serait assez large pour servir au passage des voitures, qui pourraient monter sur la plate-forme des silo, au moyen de 2 rampes de 250 mètres de développement, et dont la partie la plus rapprochée de l'édifice serait supportée par des arches. Les ouvertures des silo seraient pratiquées des deux côtés de ce passage.

Voilà donc 124 silo, contenant ensemble un million d'hectolitres de grains, et deux vastes magasins où l'on peut tenir en réserve les farines nécessaires pour la consommation de deux mois; le tout solidement construit et sans employer aucuns matériaux combustibles.

Nous avons encore des idées si rétrécies, quoique le mot milliard (dont peu de gens se font une idée bien nette) nous résonne souvent à l'oreille, qu'il est très vraisemblable que ce projet sera qualifié de gigantesque : on l'exécuterait cependant avec 6 millions; et, comme je ne suis ni maçon, ni architecte, ni même ingénieur, je puis garantir que cette évaluation est un *maximum*.

L'hectolitre de grains, acheté après une bonne récolte, ne reviendra pas à plus de 16 fr. rendu dans le silo : ainsi le million d'hectolitres coûtera 16 millions. Il faudrait donc une dépense totale de 22 millions pour assurer la consommation de Paris pendant six mois.

Il en a coûté bien davantage, en 1817, pour maintenir le prix du pain à 5 sous la livre dans Paris, tandis que dans les départemens il valait le double, et même le triple dans quelques uns.

Une grande partie de ce qui a été dépensé alors a été perdue sans retour : dans le système que je propose, il ne s'agit que d'une avance à faire, et cette avance est productive, car le grain ne sortira du silo que pour un prix plus élevé que celui d'achat.

Cette plus-value suffirait pour couvrir, et au-delà, l'intérêt des fonds employés, et l'on aurait, en outre, l'immense avantage d'être débarrassé de toute inquiétude sur l'approvisionnement de Paris, qui, je le répète, ne peut se faire en temps de disette sans porter l'alarme et le trouble dans tous les marchés.

La population de Paris étant aujourd'hui d'environ huit cent mille individus, la dépense des silo et celle de l'approvisionnement de grains pour six mois, reviennent à 27 fr. 5o c. par tête. Sur cette donnée, on peut calculer la dépense à faire par chaque ville suivant sa population.

Les villes qui ont vingt mille habitans et plus formant (non compris Paris) une population totale d'un million quatre cent mille individus, la dépense à faire pour approvisionner, pendant six mois, cette masse de population, serait de 38,5oo,ooo fr.

Et si l'on voulait étendre la même mesure à toutes les villes qui ont moins de vingt mille habitans, et dont toutes les populations réunies s'élèvent à environ trois millions huit cent mille, la dépense à faire pour cet objet serait de 1o4,5oo,ooo fr.

La dépense totale, pour toutes les populations urbaines évaluées à 6 millions, serait de 165,ooo,ooo fr. (1)

Pour cette somme, on pourrait emmagasiner

---

(1) Cette dépense est toute municipale; c'est ce qui permet d'espérer qu'elle pourra se faire un jour. Quel est le gouvernement qui ne serait pas épouvanté d'une dépense de 165 millions, dont tout le mérite serait l'utilité? Depuis six ans il a été fait en France pour 15oo millions de dépenses extraordinaires : le peuple a payé cette somme. Qu'a-t-on fait pour lui? absolument rien; une masse de 1oo toises cubes d'argent n'a laissé aucune trace visible de son passage dans les coffres de l'État.

8 millions d'hectolitres de grains, quantité au moins quadruple des plus fortes importations qui aient jamais été faites en temps de disette.

Ces 8 millions se trouvant répartis sur tous les points de la France, les disettes partielles qui affligent chaque année plusieurs départemens ne se propageraient pas au loin, comme cela a lieu aujourd'hui, par les achats des villes qui, en épuisant les contrées qui les avoisinent, en forcent les habitans à aller se pourvoir sur des marchés où leur présence inopinée détermine de suite un surhaussement dans les prix.

L'achat de 8 millions d'hectolitres de grains, effectué successivement dans des années d'abondance, serait un véritable bienfait pour notre agriculture, qui n'a retiré jusqu'ici (fort heureusement peut-être) que de bien minces avantages de la liberté d'exportation.

Nous ne serions plus, en cas de disette, obligés de recourir aux étrangers, recours toujours excessivement coûteux, et d'ailleurs précaire, puisqu'une guerre, des embarras de finances qu'on peut prévoir, un prix trop élevé des grains dans le nord de l'Europe, peuvent le rendre impossible ou insuffisant.

Les silo ne seraient ouverts que lorsque les grains auraient atteint un certain prix. Ils seraient fermés de nouveau lorsque le prix serait descendu à un taux déterminé ; et, comme après le retour de l'abondance il faudrait les remplir, l'enlèvement d'une quantité considérable de grains qui serait soustraite à la consommation, préviendrait une trop grande baisse dans les prix.

A la vérité, cela ne serait pas suffisant pour empêcher les effets naturels d'une série de bonnes années. Il faut sans doute être directeur de l'agriculture pour s'affliger d'une grande abondance; c'est un malheur que beaucoup de gens supportent assez patiemment, et qui, d'ailleurs, porte son remède avec lui; car, quand il y a beaucoup de pain, c'est merveille comme il arrive de nouvelles bouches pour le manger.

Aussi ne faut-il pas se fier, comme on l'a fait jusqu'ici, à ces séries de bonnes années; car, lorsqu'il en survient ensuite une ou deux médiocres, on est tout étonné de trouver les greniers vides. Qu'est donc devenu l'excédant des bonnes récoltes? C'est une question que M. le directeur de l'agriculture ferait sans doute en pareil cas; voici ce qu'on peut lui répondre.

La récolte en froment, méteil et seigle, serait loin de suffire à la consommation des hommes, même dans les bonnes années, si une partie notable de la population ne se nourrissait pas, en grande partie, de maïs, de sarrasin, d'orge, d'avoine, de châtaignes et de pommes de terre ; mais la consommation de ces dernières substances, et même celle du seigle, est toujours moins étendue lorsque les prix du froment et du méteil sont bas, que lorsqu'ils sont élevés.

Après une année d'abondance, la population des campagnes consomme plus de froment, plus de méteil, moins de seigle pur, peu ou point d'orge. La consommation du maïs, du sarrasin, de l'avoine, diminue aussi, quoique dans une moins forte proportion, parce que l'habitude de manger ces substances en bouillie a rendu moins impérieux le besoin de manger du pain.

Il résulte de là que, dans les années de grande abondance, presque tout le froment et le méteil sont consommés ; le seigle, l'orge, le maïs, le sarrasin, qui ne sont pas consommés par les hommes, ont des prix très bas : on en conserve peu d'une année à l'autre ; on les emploie à la nourriture des animaux, dont on entretient un plus grand nombre : la brasserie et la distillation en consomment davantage.

En définitive, ce qui reste d'une récolte abondante, excède de très peu ce qui reste après une récolte ordinaire ; c'est ce qui explique pourquoi, après une mauvaise récolte qui succède à plusieurs années d'abondance, on éprouve toujours une cherté et quelquefois une disette.

Si la récolte est assez mauvaise pour que le prix des grains s'élève fortement, la consommation descend l'échelle des céréales. Tout le seigle, l'orge, le maïs, etc., sont consommés : on y ajoute même divers légumes secs pour en augmenter le volume; c'est alors que les pommes de terre sont une ressource précieuse, et qui le serait davantage si l'on avait, dans nos campagnes, l'habitude de les conserver d'une récolte à l'autre, en les enfouissant dans des fosses, comme cela se pratique au nord de l'Europe.

Si la récolte est généralement mauvaise, s'il y a insuffisance réelle dans les produits comparés aux besoins, alors la partie la moins aisée de la population mange tout ce qui peut se manger. Les plus malheureux jeûnent souvent : ils supportent individuellement cette dure position avec assez de patience; mais ils la perdent quelquefois lorsque le hasard les réunit en nombre sur un marché où ils ne peuvent rien acheter : ils exigent qu'on règle le prix du grain sur leurs moyens de le payer; sur le refus qu'ils éprouvent, ils se portent à des excès : on les arrête; on les emprisonne; s'ils résistent, et qu'on soit en force, on les fusille. On fait sans doute fort bien; mais ne ferait-on pas mieux en prenant des mesures pour ne pas les exposer au supplice de la faim ?

La principale objection contre tout système d'approvisionnement était la dépense énorme qu'il faudrait faire en magasins et en frais de manutention. Cette considération n'avait pas arrêté l'empereur, qui pensait que l'approvisionnement de la capitale, et par suite celui des grandes villes, était une mesure indispensable. Le grenier d'abondance, construit sur l'emplacement de la Bastille, aurait coûté 8 millions, et aurait contenu 3oo,ooo hectolitres de grains; 8 autres millions étaient destinés à la construction des magasins et des moulins de Saint-Maur, dont on a aliéné les cours d'eau par suite du système d'imprévoyance qui caractérise l'administration. Par le moyen que je propose, on peut emmagasiner un million d'hectolitres avec une dépense qui n'excédera pas 6 millions. Les frais de construction sont réduits, proportionnellement aux volumes contenus, de sept neuvièmes, et les frais de manutention sont entièrement supprimés.

Je réponds à une seconde objection, en prouvant que l'accumulation des intérêts du capital employé, pendant les années qui s'écouleront entre l'emplissage des silo et la mise des grains en consommation, ne portera pas le prix de l'hectolitre à un taux assez élevé pour que, en le vendant sans perte, on n'atteigne pas le but qu'on doit se proposer, celui de tenir le prix du grain à un taux modéré.

Les frais de construction des silo sont de 6 fr. par hectolitre contenu. Le prix de l'hectolitre est de 16 fr. Total, par hectolitre, 22 fr.

Pendant la première année, l'intérêt se prélève sur ces 22 francs, et est ajouté au prix de l'hectolitre.

La seconde année, l'intérêt se prélève sur les 22 francs primitifs, augmentés des intérêts de la première année, et s'ajoute encore au prix de l'hectolitre, et ainsi de suite.

C'est sur ces bases que le tableau suivant est calculé. L'intérêt est de 4 p. o/o.

Tableau indiquant la valeur de l'hectolitre de grain, à la fin de chaque année, y compris l'intérêt composé, du prix d'achat et des frais de construction des silo.

A la fin de la 1ʳᵉ année, 16 f. 88 c.

2ᵉ	—	17 80
3ᵉ	—	18 75
4ᵉ	—	19 74
5ᵉ	—	20 77
6ᵉ	—	21 84
7ᵉ	—	22 95

A la fin de la 8ᵉ année, 24 f. 11 c.

$$9^e \quad — \quad 25 \quad 32$$
$$10^e \quad — \quad 26 \quad 57$$
$$11^e \quad — \quad 27 \quad 88$$
$$12^e \quad — \quad 29 \quad 23$$
$$13^e \quad — \quad 30 \quad 64$$
$$14^e \quad — \quad 32 \quad 11$$
$$15^e \quad — \quad 33 \quad 63$$
$$16^e \quad — \quad 35 \quad 22$$
$$17^e \quad — \quad 36 \quad 86$$
$$18^e \quad — \quad 38 \quad 58$$
$$19^e \quad — \quad 40 \quad 36$$
$$20^e \quad — \quad 42 \quad 22$$

Après vingt années de conservation, l'hectolitre ne coûterait encore que 42 francs, ce qui est beaucoup moins qu'il n'a valu en 1812 et en 1817; mais il n'est pas vraisemblable que les silo restent fermés pendant vingt ans (1). La

---

(1) De 1776 à 1828, la France a éprouvé 5 disettes, dont quelques unes ont dégénéré en véritable famine ; c'est une en dix ans. La sixième se prépare * ; on peut donc admettre que la durée moyenne du séjour des grains dans les silo serait de dix ans au plus.

Le prix de l'hectolitre serait alors , par l'accumulation des intérêts, de 26 fr. 57 c.

* L'hectolitre de froment vaut aujourd'hui (22 juillet) 26 francs dans Eure et Loir, et 31 francs dans l'Ain.

période moyenne dans le cours de laquelle ils devront s'ouvrir une fois, sera plus ou moins longue, selon que le prix qui déterminera cette ouverture sera plus ou moins élevé au-dessus du prix moyen : comme ce dernier n'est pas le même au midi et au nord, le prix qui déterminera l'ouverture des silo ne sera pas le même dans ces deux régions; mais, dans tous les cas, il sera réglé de manière à concilier les véritables intérêts de l'agriculture et ceux des consommateurs.

On pourrait établir en principe, que les silo seraient ouverts lorsque le prix de l'hectolitre de grain serait élevé à deux tiers en sus du prix moyen, déduit des mercuriales de vingt années, dont on retrancherait les deux prix les plus élevés et les deux prix les plus faibles.

Une mesure qui me paraît devoir être la conséquence de l'établissement des silo destinés à approvisionner, en temps de cherté les populations urbaines, c'est la prohibition de l'importation.

L'approvisionnement des seules villes dont la population est de vingt mille habitans et plus, consisterait en 2,566,000 hectolitres. Jamais l'importation ne s'est étendue à une si grande masse; cette masse serait répartie sur toute la France; elle serait toujours prête au moment où le besoin se ferait sentir ; tandis que les grains importés arrivent toujours fort tard dans nos ports, et que souvent, par suite du pitoyable état où sont nos communications par terre et par eau, ils ne sont rendus à leur destination définitive que quand les besoins sont passés.

Si le système d'approvisionnement était étendu à toutes les populations urbaines ; si même on éprouvait, comme cela ne tardera pas à arriver, le besoin de l'appliquer à la population entière de quelques départemens, dont les récoltes sont toujours inférieures aux besoins, la masse des grains conservés serait telle, que notre pays serait désormais à l'abri non seulement des disettes, mais des grandes chertés, qui sont, pour toutes les industries, une cause de perturbation qu'une administration sage doit chercher à prévenir. Le prix des grains, sans être fixe, ne pourrait plus s'élever à un taux qui diminue ou qui suspend même entièrement la consommation des classes les moins aisées ; d'un autre côté, il ne pourrait plus descendre assez bas pour que le produit de la récolte ne payât pas les frais de la culture. Dans un tel état de choses, l'importation des grains de l'étranger ne serait plus nécessaire, et dès-lors il serait de toute justice de débarrasser notre agriculture de cette concurrence.

Quant à la liberté d'exportation, elle devrait être maintenue dans les limites actuelles, sauf à les étendre à mesure que le système d'approvisionnement s'appliquerait à de plus grandes masses.

Un pays comme la France, quand il sera bien administré, et surtout quand son agriculture ne sera pas dirigée par des gens qui lui reprochent d'aller trop vite en avant, devra toujours avoir du grain à vendre, et n'éprouver jamais le besoin d'en acheter.

La liberté d'exportation des grains est d'ailleurs une conséquence forcée de notre position. De grands maux résulteraient promptement d'un état stationnaire de l'agriculture ; il faut qu'elle marche ; il faut qu'elle continue à produire *trop ;* or, de toutes les mesures à prendre pour atteindre ce but, la plus simple, la moins coûteuse et peut-être la seule qui soit proposable dans un pays où il y a toujours peu d'argent disponible pour les choses utiles, c'est de lui laisser l'espérance de se débarrasser du superflu de quelques bonnes récoltes, en le vendant aux étrangers.

Il me reste à résoudre deux objections auxquelles j'ai déjà répondu à l'avance, au moins en partie, mais qui exigent une discussion spéciale.

L'une consistera à nier la nécessité d'un système d'approvisionnement. On vantera la fertilité de notre sol, les progrès de l'agriculture; on rappellera l'abondance qui a régné depuis quelques années, le bas prix des grains, qui, depuis long-temps, ne suffisait plus, dira-t-on, pour payer les frais de culture; que sais-je encore? il est très vraisemblable qu'on me traitera de visionnaire, peut-être même d'alarmiste.

A tout cela, je répondrai d'abord par un fait que j'ai déjà exposé, c'est que l'agriculture française, en portant la récolte au plus haut, et en évaluant les consommations au plus bas, produit à peu près tout juste ce qui est nécessaire aux besoins de la population (1); que la meilleure preuve qu'elle ne produit que ce qui est nécessaire, c'est qu'après une série de bonnes années, une seule récolte médiocre a

---

(1) Si M. le directeur de l'agriculture, qui dirige aussi les subsistances, voulait nous faire connaître les renseignemens qu'il recueille chaque année sur les produits des récoltes, on y verrait, je crois, que les évaluations administratives de ces produits sont inférieures aux miennes. Comme il faut cependant que la population vive, on se débarrasse de toute inquiétude à cet égard, en nivelant la consommation avec les produits évalués. Aussi je ne doute pas que M. le directeur des subsistances ne dise que je fais trop manger la population.

amené une cherté ; que si une autre récolte
médiocre survenait encore, nous éprouverions
une disette ; que si cette autre récolte était décidément mauvaise, nous serions en proie à la
famine, comme en 1817.

Je répondrai que si l'agriculture a fait des
progrès, la population en a fait aussi ; qu'elle
en fait encore, que ses progrès vont croissant
d'année en année, et qu'ils sont tels, qu'il est
à peu près impossible que l'agriculture puisse
les suivre, bien loin de les dépasser, comme
cela serait nécessaire ; car la production des
subsistances doit précéder la venue de ceux qui
doivent les consommer.

Depuis 1817, l'agriculture a eu à alimenter
deux millions deux cent trente mille bouches
de plus ; elle a pourvu à tous les besoins ; mais
ses progrès, que je ne conteste pas, n'auraient
peut-être pas toujours suffi pour entretenir
l'abondance, s'ils n'avaient pas été secondés
par une série de bonnes récoltes, qui ont con-
tristé M. le directeur des subsistances. D'ici
à 1840, l'accroissement de là population ne
sera pas moindre de trois millions ; cet accroissement est inévitable, rien ne peut l'empêcher.
Il exigera une augmentation de 11,000,000 hectolitres dans la masse des grains destinés an-
nuellement à la nourriture des hommes ; ce

qui suppose que l'agriculture devra, pendant cette période, produire beaucoup plus, car la consommation des animaux doit croître presque dans le même rapport que celle de la population. (1)

Avec de tels accroissemens dans les besoins, qu'arriverait-il, si l'agriculture cessait de produire chaque année au moins 1,200,000 hectolitres de plus que l'année précédente : on éprouverait bientôt une cherté permanente, plus tard la disette, et la famine dès qu'il surviendrait une mauvaise récolte.

On ne manquera pas d'objecter encore que la cherté des grains porte son remède en elle-même; que c'est le plus puissant encouragement qu'on puisse donner à l'agriculture, qui alors s'efforce de produire davantage. Je sais cela : aussi n'ai-je pas oublié les intérêts de l'agriculture; mais la cherté, quand l'exportation est à peu près nulle, quand aucun achat de prévoyance n'est fait pour être en mesure de pourvoir aux besoins de l'avenir; la cherté, dans de telles circonstances, annonce que le produit annuel ne suffit plus, et que la moindre intempérie peut produire une disette. L'emploi de ce

____

(1) L'accroissement total devra être de 14,000,000 hectolitres au moins.

remède est donc accompagné de grands dangers ; celui que je propose n'en fait craindre aucun, et, employé habilement, il peut produire les mêmes effets utiles.

Une augmentation annuelle des produits en grains, qui doit s'élever à 1,200,000 hectolitres, serait assez facile à réaliser, si toutes les parties de la France pouvaient y concourir, en raison de leur fertilité relative : il n'en est pas ainsi. L'agriculture ne fait des progrès rapides que dans le Nord ; elle avance bien lentement dans nos départemens du midi ; elle est presque stationnaire dans ceux du centre.

Or, de ce que l'agriculture a beaucoup fait dans le Nord, depuis quelques années, et qu'il lui reste encore beaucoup à faire, il ne s'ensuit pas qu'elle puisse continuer pendant long-temps à faire des progrès aussi rapides que par le passé. Je suis loin d'entrevoir le terme des améliorations ; la carrière à parcourir me semble immense ; mais, dans cette carrière, les premiers pas sont les plus faciles, et, à mesure qu'on avance, les difficultés naissent, augmentent et retardent la marche.

Nos départemens du centre et du midi en sont encore aux premières améliorations. Là les difficultés se rencontrent à l'entrée de la carrière. La plus grande, sans contredit, naît du mode de tenure des terres en métairies, mode qui prévaut presque généralement dans ces contrées, et qui est un immense obstacle à toute innovation.

Le fermier dont le bail est expiré, et qui n'a pas la certitude d'en obtenir un autre, ne fait plus d'améliorations ; il cherche à tirer le meilleur parti possible de ses terres, sans s'inquiéter beaucoup de l'état où elles se trouveront quand il les quittera.

La position du colon partiaire est presque toujours celle du fermier dont le bail finit : il n'a pas d'avenir, et il répugne à tout travail dont le produit n'est pas prochain.

Nos provinces centrales sont dépourvues des moyens de communication nécessaires pour transporter le superflu que des récoltes abondantes pourraient leur donner. On doit donc y régler la culture de manière à ne produire, autant que possible, que ce qui est indispensable pour les besoins de chaque année, sauf, en cas de déficit, à aller se pourvoir dans les contrées voisines, dont l'agriculture est plus perfectionnée. C'est aussi ce qu'on fait.

Dans nos départemens du midi, les communications ne manquent pas ; mais là un autre obstacle s'oppose aux progrès rapides de la culture ; on n'y consomme que très peu de viande de boucherie, pas de beurre et presque pas de laitage; d'où il suit qu'il y a peu de bestiaux, peu de prairies artificielles et peu d'engrais. Le prix du froment, d'après une moyenne de vingt années, y est de $\frac{1}{4}$ à $\frac{1}{5}$ au moins plus élevé que dans le Nord, ce qui annonce que le produit des récoltes ordinaires n'y est pas en rapport avec la somme des besoins, qui, là comme ailleurs, vont croissant.

Cette contrée éprouve, presque chaque année, dans sa partie la plus fertile, de grands ravages par la grêle; c'est celle, de toute la France, qui retirerait le plus d'utilité d'un système d'approvisionnement, et dont l'agriculture profiterait le plus d'une prohibition d'importer des grains, qui me paraît devoir être la conséquence de l'établissement de ce système.

D'après cet exposé de l'état de notre agriculture, il est évident que la région du nord (1) étant la seule dont l'agriculture fasse des pro-

---

(1) J'appelle région du nord la partie de notre territoire qui est comprise entre le 47e degré de latitude et les frontières de la Belgique. La région du centre s'étend du 47e au 45e, la région du midi comprend tous les départemens situés au sud du 45e degré.

D'après les données du cadastre, voici un aperçu assez exact de l'étendue totale du territoire et de celle des terres labourables pour chacune de ces régions. J'y ajoute

grès étendus, et qui ait un superflu dans les années ordinaires, c'est elle qui doit pourvoir aux besoins des régions du centre et du midi, besoins qui croissent chaque année en plus forte proportion que les moyens locaux d'y satisfaire.

---

la population, avec les accroissemens qu'elle a éprouvés depuis 1820.

	Surface totale.	Surface des terres labourables.	Population au 1er janvier 1827.
Régions du midi....	14,581,857hect.	4,743,000hect.	7,128,570
du centre...	12,417,673	5,551,000	7,051,527
du nord....	24,910,532	14,700,000	17,677,426
	51,910,062	24,994,000	31,857,523

La surface de terre labourable qui doit pourvoir à la subsistance de chaque individu est :

		hect.
Dans le midi	de	0,67
Dans le centre	..	0,79
Dans le nord	..	0,83

Les récoltes de la région du midi ne suffisent pas aux besoins de sa population dans les années ordinaires. Elle reçoit des grains de l'étranger par la Méditerranée, et de la Bretagne et du Poitou par l'Océan.

La seconde région pourrait se suffire dans les années ordinaires, mais comme les départemens situés à l'ouest de cette région, les seuls qui aient du superflu, n'ont que des communications très difficiles avec les départemens de l'est, ceux-ci s'approvisionnent dans la région du nord.

La région du nord est la seule qui ait du superflu dans les années ordinaires, quoique sa consommation en

D'un autre côté, la région du nord, qui est la plus productive, est aussi la plus peuplée, et celle dont la population fait les progrès les plus rapides (1). Il doit donc arriver une époque, qui ne peut être éloignée, où elle ne pourra plus donner aux deux autres que des secours insuffisans, et, pour peu qu'elle éprouve aussi quelque déficit dans les récoltes, elle ne pourra leur offrir que le partage de son nécessaire.

Compte-t-on, dans ce cas, sur l'importation? mais qui sait si l'importation sera possible au moment du besoin! Cette incertitude est déjà suffisante pour déterminer un gouvernement sage à ne pas considérer l'importation autrement que comme une ressource très éventuelle.

---

semences et en nourriture d'animaux soit proportionnellement plus forte que dans les deux autres régions.

La proportion des terres labourables à l'étendue totale du territoire, est :

$$\text{Dans le midi} \quad \text{de} \quad 0,\ 33$$
$$\text{Dans le centre} \quad .. \quad 0,\ 45$$
$$\text{Dans le nord} \quad .. \quad 0,\ 59$$

On pourrait, sur ces données, et quelques autres encore, entamer un long commentaire. Ce n'est pas ici sa place.

(1) En six ans la population a crû de 37 millièmes dans la région du midi, de 33 millièmes dans la région du centre, et de 55 millièmes dans la région du nord.

Or, la tranquillité d'un pays (car rien ne la trouble plus qu'une disette) ne doit pas dépendre d'une éventualité.

Mais supposons l'importation possible : les secours qu'elle procure sont toujours chèrement achetés, et d'autant plus chèrement, que les besoins à satisfaire sont plus étendus. En 1817, le gouvernement a dépensé, en achats à l'étranger, plus de 75 millions, sur lesquels, en définitive, l'État en a perdu 22 (1). Malgré cette énorme dépense, la France n'en a pas moins été en proie à la famine.

La même somme, employée dans l'intérieur, en approvisionnement de prévoyance, aurait été un puissant encouragement pour notre agriculture, et elle aurait suffi pour donner à la population des secours plus que doubles de ceux qu'elle a reçus ; et, en outre, avec cette notable différence, que ces secours se seraient trouvés prêts au moment des besoins, et partout où ils se seraient manifestés.

------

(1) Je ne crois pas me tromper sur les sommes ; cependant, comme je les cite de mémoire, il serait possible qu'elles eussent été plus ou moins fortes : cela, au reste, est assez indifférent ; il est certain qu'à cette époque on a dépensé beaucoup, que l'État a beaucoup perdu, et que le soulagement apporté à si grands frais à la misère publique, a été peu senti.

Or, dans les effets d'une disette réelle, il y a toujours quelque chose de factice. Aussitôt que l'alarme s'est répandue parmi les consommateurs, ceux d'entre eux qui ont le plus de moyens achètent à tout prix et à la fois, ce qu'ils ont calculé leur être nécessaire jusqu'à la récolte. Les habitans des villes, surtout ceux qui sont chargés d'une nombreuse famille, font une provision de farine, et continuent à prendre leur pain chez le boulanger. Il y a ainsi beaucoup de doubles emplois. Je suis convaincu, d'après ce que j'ai vu en ce genre, que si on pouvait calmer les inquiétudes qu'une disette fait naître, on parviendrait souvent, par cela seul, à l'empêcher de dégénérer en famine. Mais comment calmer ces inquiétudes toujours si vives? sur nos côtes, et à quelque distance dans l'intérieur des terres, l'espérance de secours apportés de la Baltique ou de la mer Noire, est admissible; dans tous nos départemens du centre, et à plus forte raison dans ceux qui sont situés sur la longue étendue de nos frontières de l'est, peut-on se reposer tranquillement sur un espoir aussi chanceux?

Les approvisionnemens de prévoyance produiraient, sous ce rapport, un effet merveilleux. La halle de Paris peut contenir à peine, en farine, ce qui est nécessaire à la consommation de huit à dix jours ; cependant, pourvu qu'elle soit tenue à peu près pleine en temps de disette, le bon peuple de la capitale ne craint jamais de manquer. Cet effet de quelque douze mille sacs de farine est si puissant qu'il serait préférable, je crois, de laisser jeûner la population pendant vingt-quatre heures, plutôt que de diminuer d'une manière sensible le chétif approvisionnement de la halle. En voyant les piles de sacs, on se dirait nous mangerons demain ; c'est qu'en effet, en temps de disette, c'est le lendemain, c'est l'avenir qui cause toute l'inquiétude ; qu'on assure cet avenir, que la population puisse, à chaque instant, évaluer avec son exagération ordinaire, l'étendue des approvisionnemens qu'on lui réserve, et elle supportera avec patience les plus dures privations.

Cet effet moral du système que je propose est d'une telle importance, qu'il suffirait pour motiver son adoption.

Une dernière objection, que je dois encore prévoir, sera tirée des intérêts prétendus de l'agriculture.

Le projet d'approvisionnement a pour but avoué d'empêcher le prix du grain de dépasser certaines limites ; il doit résulter de là un préjudice évident pour l'agriculture. Le surhaussement de prix opéré par les achats faits pour les approvisionnemens dans les années d'abondance, sera nécessairement très médiocre; tandis que l'ouverture des silo pourra retenir le prix aux deux tiers ou même à moitié du taux qu'il aurait atteint s'il n'y avait pas eu d'approvisionnement : or, le taux que le prix aurait atteint est le taux naturel, celui qui est indispensable pour que l'agriculture soit indemnisée d'une mauvaise récolte.

On dira cela, ou à peu près l'équivalent; on dira peut-être encore autre chose: c'est ce que nous verrons plus tard.

Je pourrais me borner à répondre à cette objection et à beaucoup d'autres, par ce qu'on appelle au palais, *une fin de non recevoir*. De quoi vous plaignez-vous, dirais-je? j'ai acheté votre grain quand il était à bon marché; en l'achetant, j'ai fait hausser le prix de ce qui vous restait, vous en avez profité : j'ai gardé ce grain huit ans; aujourd'hui il me convient de le vendre à un prix qui me rembourse de tous mes frais avec un léger bénéfice : qu'avez-vous à dire? auriez-vous préféré que je fisse venir une pareille quantité de grain de Lubeck ou d'Odessa? qu'y auriez-vous gagné?

Mais *une fin de non recevoir* est un moyen qu'on emploie rarement, quand on a bon droit et qu'on peut l'appuyer par des argumens valables.

Je vais donc discuter l'objection.

Le but du projet est bien de contenir le prix du grain dans certaines limites, et surtout de l'empêcher d'atteindre le taux élevé où une partie de la population ne peut plus le payer; il me paraît évident aussi que les achats faits dans les années d'abondance, éleveront moins le prix du grain que l'ouverture des silo, dans les années de disette, ne tendra à le faire baisser; il n'y a cependant rien, dans le double effet du système proposé, qui puisse préjudicier à l'agriculture; c'est ce que j'espère prouver.

Les années d'abondance ou de prix modéré sont beaucoup (dix fois) plus fréquentes que celles où la récolte est généralement assez mauvaise pour qu'il en résulte une disette. Si, pendant dix années, les achats de prévoyance suffisaient pour relever le prix des grains d'un dixième, l'agriculture aurait gagné, pendant cette période, la valeur entière d'une récolte; ce qui compenserait la baisse opérée dans les années de disette par la mise en consommation des grains d'approvisionnement.

On a vu que je proposais de n'ouvrir les silo que lorsque le prix du grain serait élevé de $\frac{1}{3}$ au-dessus du taux moyen local. Je ne verrais même que peu d'inconvéniens à ce que l'ouverture fût retardée jusqu'au moment où le prix des grains aurait doublé. Or, le double du prix moyen est plus que suffisant pour compenser le déficit des plus mauvaises récoltes. C'est ce que je vais prouver.

Qu'un fermier récolte, année moyenne, 800 hectolitres de froment, méteil, seigle, orge et légumes secs, ci. . . . . 800 h.

Il en consomme en semences.   140 ⎫
En paiement de frais de mois-
son et battage. . . . .   144 ⎬ 350
Pour la subsistance de sa fa-
mille et de ses domestiques. . .   66 ⎭
Il lui reste à vendre. 450 (1)

Si la récolte est diminuée de deux dixièmes (2)

---

(1) Ce calcul n'est et ne peut être qu'une approximation; il suffit cependant pour faire voir que le prix des grains doit croître dans une plus forte proportion que le déficit des récoltes.

(2) Ce déficit de deux dixièmes doit être rapporté à la totalité des récoltes de la France. Il est toujours très inégalement réparti. Dans les plus mauvaises années, il y a des contrées où le déficit des récoltes est très faible, quelques unes n'en éprouvent pas du tout, tandis que d'autres ont perdu la majeure partie de leur récolte. A cette inégalité, qui est déjà une aggravation du fléau, il faut ajouter celle des populations, et notamment des populations urbaines, dont la consommation en pain ne peut être

dans une mauvaise année, il ne recueille plus que 640 hectolitres, et, comme il en consomme toujours la même quantité, il ne lui reste à vendre que 290 hectolitres dont il doit tirer, pour ne pas éprouver de perte, autant d'argent que de 450 hectolitres qu'il porte au marché dans les années ordinaires.

Ainsi, dans le cas supposé, en multipliant le prix moyen du grain par 450, et divisant le produit par 290, le résultat de cette opération, exprime le prix auquel l'hectolitre doit se vendre pour que l'agriculture soit complétement indemnisée d'un déficit de deux dixièmes dans les récoltes.

D'après les données ci-dessus, ce prix ne serait pas tout-à-fait les deux tiers en sus du prix moyen. (1)

---

remplacée par d'autres substances alimentaires aussi facilement que dans les campagnes.

En 1812 et 1817, années de famine, le déficit des récoltes n'a certainement pas dépassé deux dixièmes.

(1) Si dans une année d'abondance la récolte du même fermier est augmentée d'un dixième, comme sa consommation en semences, en frais de moisson et de battage, en nourriture de sa famille et de ses domestiques, est toujours la même, il aura à vendre 520 hectolitres; et pourvu que le prix de l'hectolitre ne baisse pas de plus de 15 pour 100, il obtiendra de sa récolte la même valeur

En résumé, le plan proposé tend à augmenter le prix du grain dans les années d'abondance, qui sont de beaucoup les plus nombreuses; dans les années de disette, heureusement assez rares, il empêcherait le prix du grain de s'élever assez haut pour forcer une partie de la population de cesser d'en consommer; mais il ne ferait jamais tomber le prix assez bas pour que l'agriculture ne fût pas complétement indemnisée du déficit de la plus mauvaise récolte.

L'exportation serait conservée; on propose même d'en étendre les limites, en même temps qu'on débarrasserait pour toujours l'agriculture de la concurrence des grains étrangers.

---

que dans les années ordinaires. Or, dans les années d'abondance, le prix ne baisse pas même en proportion de l'accroissement de la récolte, parce que, comme je l'ai déjà dit, la consommation augmente aussitôt que le prix diminue. Si le fermier ne vend pas tout le produit d'une récolte abondante, il n'en réalise pas moins une somme suffisante pour couvrir ses frais avec le bénéfice ordinaire. Il emploie le seigle qu'il ne peut vendre à la nourriture de ses animaux de labour; ce qui lui permet de porter sur le marché une plus grande quantité d'avoine, dont le prix est toujours assez élevé dans les années où la récolte du froment est abondante. Il élève plus de porcs et de volailles, ce qui augmente les produits de la basse-cour, produits toujours très importans dans une exploitation dirigée avec intelligence.

Le projet atteindrait donc complétement le but dans lequel il a été rédigé; celui de prévenir le fléau de la disette, en conciliant les intérêts des consommateurs avec ceux de l'agriculture.

Malheureusement ce projet ne peut s'appliquer qu'à l'avenir, et même à un avenir assez éloigné : il ne remédie pas au mal présent ou prochain; il est trop tard pour faire de grands approvisionnemens; et si la récolte de cette année, qui bien certainement ne sera pas bonne, était décidément mauvaise, le gouvernement serait, comme à son ordinaire, pris au dépourvu; ce ne serait plus qu'à force d'argent qu'il se procurerait des ressources insuffisantes, et d'autant plus tardives, qu'on ne peut les tirer que de l'Amérique du Nord ou de la Baltique, qui n'est guère accessible lorsque l'hiver est rigoureux.

M. le directeur des subsistances sait, sans doute, à quoi s'en tenir sur l'état de la récolte actuelle; mais on peut craindre que, dans la joie qu'il doit éprouver lorsque tout lui annonce que l'agriculture a cessé de produire *trop*, il n'oublie que, depuis onze ans, la population a contracté la funeste habitude de manger à sa faim. On peut craindre aussi qu'il ne se repose avec trop de confiance sur les excédans des récoltes précédentes. Il doit les croire immenses : je lui répète qu'ils sont à peu près nuls.

Ce qui contribue le plus à aggraver le fléau des disettes, c'est le soin que mettent toujours les gouvernemens à en dissimuler l'étendue. Si on connaissait aussi exactement qu'il est possible ce qu'il manque à une récolte, le prix se réglerait de suite sur l'étendue du déficit : la consommation se restreindrait, sans effort, en raison de l'élévation du prix, parce qu'à cette époque il existe partout, et en abondance, des pommes de terre et des légumes secs qui peuvent suppléer en partie au pain.

Lorsqu'au contraire la gravité du mal est inconnue, le prix du grain ne s'élève que successivement au terme qu'il doit atteindre. La consommation diminue de très peu pendant les premiers mois qui suivent la récolte ; mais à mesure que la saison s'avance, le prix s'élève rapidement, et la partie la moins aisée de la population cesse de pouvoir acheter des grains, précisément à l'époque où il ne lui reste plus rien pour les remplacer.

Le grand art, en temps de disette, lorsqu'on n'a pas d'approvisionnement fait à l'avance, serait donc de porter de suite le prix du grain au-dessus de son taux naturel, c'est-à-dire de celui qui compense, pour le producteur, le déficit de la récolte. Il résulterait de là deux bons effets : économie dans la consommation, au moment où cette économie est le plus facile, et baisse du prix aux approches de la récolte suivante, époque où toutes les substances qui peuvent remplacer le pain commencent à manquer.

On atteindrait ce but par des achats faits aussitôt qu'on a acquis la certitude que la récolte à faire sera médiocre. L'élévation de prix qu'on opérerait ainsi avant la récolte prochaine, aurait le double avantage de répartir la cherté sur deux années, ce qui la rendrait moins sensible, et de ménager des ressources pour l'époque la plus désastreuse en temps de disette, c'est-à-dire pour les quatre à cinq mois qui précèdent la récolte suivante.

FIN.